문학과지성 시인선 193

이슬의 눈

마종기 시집

문학과지성사에서 펴낸 마종기의 시집

안 보이는 사랑의 나라(1980)
모여서 사는 것이 어디 갈대들뿐이랴(1986)
그 나라 하늘빛(1991, 개정판 1994)
마종기 시전집(1999)
새들의 꿈에서는 나무 냄새가 난다(2002)
보이는 것을 바라는 것은 희망이 아니므로(시선집, 2004)
우리는 서로 부르고 있는 것일까(2006)
하늘의 맨살(2010)
마흔두 개의 초록(2015)
천사의 탄식(2020)

문학과지성 시인선 193

이슬의 눈

초판 1쇄 발행 1997년 2월 20일
초판 15쇄 발행 2024년 2월 6일

지 은 이 마종기
펴 낸 이 이광호
펴 낸 곳 ㈜문학과지성사
등록번호 제1993-000098호
주   소 04034 서울 마포구 잔다리로7길 18(서교동 377-20)
전   화 02)338-7224
팩   스 02)323-4180(편집) 02)338-7221(영업)
전자우편 moonji@moonji.com
홈페이지 www.moonji.com

ⓒ 마종기, 1997. Printed in Seoul, Korea

ISBN 978-89-320-0882-0 03810

이 책의 판권은 지은이와 ㈜문학과지성사에 있습니다.
양측의 서면 동의 없는 무단 전재 및 복제를 금합니다.

문학과지성 시인선 193

이슬의 눈

마종기

1997

自 序

이 시집은 1991년 가을에 나온 시집 『그 나라 하늘빛』 이후 만 5년 반 동안 고국에서 발표된 詩들을, 거의 쓴 순서대로 모은 것이다. 다음번 시집의 이런 글은 고국에 살면서 쓰게 되기를 희망한다.

나는 이 시집을 착하게 살다가 몇 해 전에 죽은, 내 동생 종훈이에게 준다.

1997년 미국에서
마 종 기

이슬의 눈

차 례

▨ 自 序

I

방문객 / 11
겨울 노래 / 12
담쟁이꽃 / 13
이슬의 눈 / 14
해변의 바람 / 16
물빛 6 / 18
그림 그리기 / 19
섬 / 20
하품은 전염한다 / 22
아침 면도를 하며 / 24
무서운 바람 / 26
임신한 모기만 사람의 피를 빤다 / 28
당신의 하느님 / 30
패터슨 시의 몰락 / 32
차고 뜨겁고 어두운 것 / 35

II

동생을 위한 弔詩 / 41
묘지에서 / 52
내 동생의 손 / 54

허술하고 짧은 탄식 / 55

Ⅲ
새의 초상 / 61
길 / 62
과수원에서 / 64
아테네의 개 / 66
가을 산 / 67
혼 자 / 68
박 꽃 / 70
山 行 / 71
山行 2 / 72
山行 3 / 73
게이의 남편 / 74
이 세상의 긴 江 / 76

Ⅳ
눈 오는 날의 미사 / 81
自畵像 / 82
휘닉스 파크로 가는 길 / 83
나무가 있는 풍경 / 86
폭 설 / 87
봄의 소리 / 88
알반 베르그의 열매 / 89
코스모스로 가는 길 / 90
갈 대 / 91

이오니아의 추억 / 92
별, 아직 끝나지 않은 기쁨 / 94
보이는 것을 바라는 것은 희망이 아니므로 / 96

▨ 해설 • 한 자유주의자의 떠남과 돌아옴 • 오생근 / 97

방문객

무거운 문을 여니까
겨울이 와 있었다.
사방에서는 반가운 눈이 내리고
눈송이 사이의 바람들은
빈 나무를 목숨처럼 감싸안았다.
우리들의 인연도 그렇게 왔다.

눈 덮인 흰 나무들이 서로
더 가끼이 다가가고 있있다.
복잡하고 질긴 길은 지워지고
모든 바다는 해안으로 돌아가고
가볍게 떠올랐던 하늘이
천천히 내려와 땅이 되었다.

방문객은 그러나, 언제나 떠난다.
그대가 전하는 평화를
빈 두 손으로 내가 받는다.

겨울 노래

눈이 오다 그치다 하는 나이,
그 겨울 저녁에 노래부른다.
텅 빈 객석에서 눈을 돌리면
오래 전부터 헐벗은 나무가 보이고
그 나무 아직 웃고 있는 것도 보인다.
내 노래는 어디서고 끝이 나겠지,
끝나는 곳에는 언제나 평화가 있었으니까.

짧은 하루가 문닫을 준비를 한다.
아직도 떨고 있는 눈물의 몸이여,
잠들어라, 혼자 떠나는 추운 영혼,
멀리 숨어 살아야 길고 진한 꿈을 가진다.
그 꿈의 끝 막이 빈 벌판을 헤매는 밤이면
우리가 세상의 어느 애인을 찾아내지 못하랴,
어렵고 두려운 가난인들 참아내지 못하랴.

담쟁이꽃

내가 그대를 죄 속에서 만나고
죄 속으로 이제 돌아가느니
아무리 말이 없어도 꽃은
깊은 고통 속에서 피어난다.

죄 없는 땅이 어느 천지에 있던가
죽은 목숨이 몸서리치며 털어버린
핏줄의 모든 값이 산불이 되어
내 몸이 어지럽고 따뜻하구나.

따뜻하구나, 보지도 못하는 그대의 눈.
누가 언제 나는 살고 싶다며
새 가지에 새순을 펼쳐내던가.
무진한 꽃 만들어 장식하던가.
또 몸풀 듯 꽃잎 다 날리고
헐벗은 몸으로 작은 열매를 키우던가.

누구에겐가 밀려가며 사는 것도
눈물겨운 우리의 내력이다.
나와 그대의 숨어 있는 뒷일도
꽃잎 타고 가는 저 생애의 내력이다.

이슬의 눈

가을이 첩첩 쌓인 산속에 들어가
빈 접시 하나 손에 들고 섰었습니다.
밤새의 추위를 이겨냈더니
접시 안에 맑은 이슬이 모였습니다.
그러나 그 이슬은 너무 적어서
목마름을 달랠 수는 없었습니다.
하룻밤을 더 모으면 이슬이 고일까,
그 이슬의 눈을 며칠이고 보면
맑고 찬 詩 한 편 건질 수 있을까,
이유 없는 목마름도 해결할 수 있을까.

다음날엔 새벽이 오기도 전에
이슬 대신 낙엽 한 장이 어깨에 떨어져
부질없다, 부질없다 소리치는 통에
나까지 어깨 무거워 주저앉았습니다.
이슬은 아침이 되어서야 맑은 눈을 뜨고
간밤의 낙엽을 아껴주었습니다.
—당신은 그러니, 두 눈을 뜨고 사세요.
앞도 보고 뒤도 보고 위도 보세요.
다 보이지요? 당신이 가고 당신이 옵니다.

당신이 하나씩 다 모일 때까지, 또 그 후에도
눈뜨고 사세요. 바람이나 바다같이요.
바람이나 산이나 바다같이 사는
나는 이슬의 두 눈을 보았습니다. 그 후에도
바람의 앞이나 바다의 뒤에서
두 눈 뜬 이슬의 눈을 보았습니다.

해변의 바람

1

뭐라구 했지?
바람은 글을 읽을 줄 모른다구?
그래서 찾아내지 못할 거라구?

이 해변은 참 길기도 하구나.
어깨를 스치는 바람의 깃
무덤이 하나 있었다구?

오늘은 여기서 그냥 자고 싶다.
눈부신 배경의 몸부림,
찾지 못하면 잊을 수도 있겠지.

바람은 고개를 흔들면서
연민의 살을 지워버린다.

욕심 없는 나그네 되어
회색의 길을 떠난다.

2

잠이 오지 않는 바람이
밤의 한기에 떤다.
아무도 없는 이 해변에서
떠도는 너를 안는다.
한동안은 편안히 살 수 있겠다.

참 멀리도 왔구나.
물새들 발소리도 지워지고
간간이 이름 부르는 소리도 그쳤다.
옷 벗고 바람이 되는 빈 몸.

3

돌아갈 곳이 없는 시간을
다 버리기로 한다.
문득 눈을 뜬 이곳은 어딘가.
바람 속인가, 그대 속인가.
천천히 보이기 시작하는
길 잃은 바람의 아픔.

물빛 6

물이 깨어져서
많은 물방울이 된다.
물이 깨어져서
많은 자식이 된다.
물방울은 작지만
많은 자리가 넘치게 차고
色이 온몸에 번진다.
자식은 부모보다
빛나고 아름답다.
물의 아버지가 깨어지지 않으면
빛나는 것은 태어나지 않는다.
물방울이 낮은 곳에 모이면
아버지가 된다. 그래서
우리 아버지는 언제나 제일 낮다.
물의 몸이 움직이는 저 깊은 속,
나이 들어가는 물빛의 말이
한마디 한마디 서늘하게 다가온다.

그림 그리기

당신이었군.
아직도 기다려준 이.

가위눌린 꿈속 헤맬 때
창백한 미명의
창밖에서 우는.

단순한 소리의 울림이여.
촉감이나 몸짓으로
그대를 사귀지 않았다.

당신이었군.
아직도 기다려준 이.

가보지 못한 혼백의 나라에서
몸에 맞는 빈 방을 찾아내리라.
공기의 파도를 타는
확신의 표정.

꽃잎의 끝이 천천히
그 색을 버리기 시작한다.

섬

그해 여름에는 여의도에 홍수가 졌다.
시범아파트도 없고 국회도 없었을 때
나는 지하 3호실에서 문초를 받았다.
군 인사법 94조가 아직도 있는지 모르지만
조서를 쓰던 분은 말이 거세고 손이 컸다.

그해 여름 내내 나는 섬을 생각했다.
수갑을 차고 굴비처럼 한 줄로 묶인 채
아스팔트 녹아나는 영등포 길로 끌려가면서
세상에서 가장 심심한 작은 섬 하나 생각했었다.
그 언덕바지 양지에서 들풀이 되어 살고 싶었다.

곰팡이 냄새 심하던 철창의 감방은 좁고 무더웠다.
보리밥 한 덩어리 받아먹고 배 아파하며
집총한 군인의 시끄러운 취침 점호를 받으면서도
깊은 밤이 되면 감방을 탈출하는 꿈을 꾸었다.
시끄러운 물새도 없고 꽃도 피지 않는 섬.

바다는 물살이 잔잔한 초록색과 은색이었다.
군의관 계급장도 빼앗기고 수염은 꺼칠하게 자라고

자살 방지라고 혁대도 구두끈도 다 빼앗긴 채
곤욕으로 무거운 20대의 몸과 발을 끌면서
나는 그 바다에 누워 눈감고 세월을 보내고 싶었다.

면회 온 친구들이 내 몰골에 놀라서 울고 나갈 때,
동지여, 지지 말고 영웅이 되라고 충고해줄 때,
탈출과 망명의 비밀을 입 안 깊숙이 감추고
나는 기어코 그 섬에 가리라고 결심했었다.
이기고 지는 것이 없는 섬, 영웅이 없는 그 섬.

드디어 석방이 되고 앞뒤 없이 나는 우선 떠났다.
그러나 도착한 곳이 내 섬이 아닌 것을 알았을 때
아버지는 돌아가셨고 나는 부양 가족이 있었다.
오래 전, 그 여름 내내 매일 보았던 신기한 섬.
나는 아직도 자주 꿈꾼다. 그 조용한 섬의 미소,
어디쯤에서 떠다니고 있을 그 푸근한 섬의 눈물을.

하품은 전염한다

하품이 전염한다는 게 사실 같지가 않다.
매연과 소음 속에서 다급하게 뛰는
고국이 모두 잘산다는 게 사실 같지가 않다.
반사 작용, 아니면 정신적 반추라든가,
무리를 따르는 동물적 본능이라든가,
뇌의 산소 공급을 위한 응급 수단이라든가,
이런 정도의 하품 학설이 과학적일 듯한데
국민 소득이 폐수가 된 강물보다 더 과학적인가.
하품이 전염을 한다니!

물고기가 하품을 한다는 것도 믿기지 않는다.
어항 속의 금붕어나 바닷속 도미나 꽁치의 하품,
제비나 참새나 오리의 하품도 잘 믿기지 않는다.
사촌들이 북한에 아직 살고 있다는 것도
믿기지 않는다.
남북한이 한 형제라는 것도
이제 잘 믿기지 않는다.
보이는 것과 보이지 않는 것의 증명은 다른가?
왜 다른가? 쇠파리의 하품. 갯지렁이의 하품.

하품의 역학은 천천히 열리고 급하게 닫히는 입
그간의 긴 숨 들이쉼과 짧은 숨 내쉼.
하품을 위해 평생을 사는 생리 연구원은
뇌 속의 도파민이 하품의 원동력이라지만
일 안 하고 놀고 먹는 자의 하품은 죽음의 원동력,
잘 밤에 근육 풀어지는 하품은 건강의 표시라고?
사람 따라 하품의 영향이 다른 것도 이상하지만
때때로 보이지 않는 곳에 누군가 있어서, 이놈!
형평의 저울로 우리를 다루는 소름끼치는 하품.

아침 면도를 하며

아침 면도를 하며 고개 돌리는 남자를 본다.
어제도 왔다갔다 아무 일 시작 못 하고
아무것도 이루지 못한 부끄러운 날들 지나고
(그렇게 쌓인 산들은 소리내며 무너져내리지.)
가위눌린 얇고 불안한 풋잠의 한기 속에서도
내 주름살의 피부에서는 검게 일어나고 있었구나.
발랄하게 무엇인가 솟아나고 있었구나.
그 하루의 성긴 틈에서 생기고 있었구나.

황량하고 긴 바람만 줄줄이 지나가던 살림살이,
무슨 힘 살아남아서 밤새 수염을 만들어 키우고
얼굴의 이곳저곳으로 자랑하듯 밀어내고 있었을까.
눈 덮여 얼어버린 겨울 벌판에서도
함께 떠들어대며 까실까실 고개 드는 보리싹,
내 나머지의 혼이 무성하게 부르고 있었구나.
보이지 않아도 있는 것은 다 오르고 있었구나.

오늘은 아침 면도를 하며
많은 어제를 잊기로 작정한다.
다시 한번 시작해보기로 한다.

보이지 않아도 있는 것은 어디에나 있다.
그대여, 내 몸에서 일어나는 놀라운 생기여,
온몸이 반갑게 뜨거워지고 있다.

무서운 바람

나는 바람이 무섭다.
소리내는 바람보다
소리내지 않는 바람이
더 무섭다.
움직이는 바람보다
움직이지 않는 바람이
더 무섭다.

이천 년 나이의 올리브나무,
그 나무에 기대 서 있는
이천 년 묵은 욕심,
먼지 묻은 바람의 얼굴이
더 무섭다.

사막을 걷는 낙타보다
장터에 서 있는 낙타가
더 무섭다.
다리 꺾은 낙타의 가죽이
더 무섭다.

눈이 큰 낙타 등에 타면
세상은 경사로 지나가고
소아시아의 주위에서
서성거리는 내가 보인다.
더 무서운 내가 보인다.

임신한 모기만 사람의 피를 빤다

임신한 모기만
사람의 피를 빤다.
새끼들을 위해서
결사적으로 덤빈다.

피를 빠는 모기는
온몸이 찰 때까지
경건하고 순수하다.
목숨을 다 걸고 나면
남은 몸짓이 없어진다.

세상의 소리를 죽이는
피를 빠는 모기의 긴장.
목숨은 빛나는 한 순간의 힘,
죽은 척 살아 있기보다는
살다가 죽고 싶은 힘.

수컷 모기는 이슬을 마시고
가는 눈으로 생각을 정리하고
허둥대는 암컷의 들뜬 눈에는

사랑은 피던가 이슬이던가.

늦가을 모기의 날개는
숨어 있는 한숨처럼 멀다.
낮게 날아가는 한 생명의 끝,
아프지도 앓지도 않고
모든 암컷의 모기만
피를 빨다 죽는다.

당신의 하느님

당신이 기도하는 하느님은
여리고 예민한 분인지
만하임에서도, 베네치아에서도
혼자서 비를 맞고 계시더군.
당신의 착한 하느님은
그림자까지 비에 젖어서
날지도 않고 내 옆을 지나가셨지.
나는 떠나지 않기로 결심했어.

얼마나 작은 틈 사이로도
빗물은 스며들어 지나간다.
하느님의 물은 쉽게 지나간다.
작은 우리들의 시간 사이로 들어와
폭 넓은 빈 강 하나를 보여주신다.

여행의 젖은 옷을 말리며
추워진 공간의 벽을 말리며
먼 곳도 쉽게 보는 하느님의 눈이
가까이 가지 말라고 신호를 보낸다.
그간에도 세월이 화살같이 지나고

그 화살 몸을 찔러 피나게 해도
희망이여, 평생의 아픔이여,
영혼을 풍요하게 한다는 아픔이여.

나는 움직이지 않기로 했다.
그대가 내 안에서 쉬는 동안에
은밀한 상처를 조심해 만져도
당신의 투명한 하느님은 아시지,
돌아갈 길이 너 멀고 험한 것.
비에 젖어 살아온 몸이 떨린다.
우리를 자유롭게 하는 슬픔이 떨린다.

패터슨 시*의 몰락
── 큰 도시가 세 조각이 나고, 모든 나라의 도시가
무너졌다(「요한 묵시록」 16-18)

1
뉴저지 주 패터슨 시의 거리는
낮에도 무서워 혼자 걸을 수 없다.
꽃과 다람쥐와 비둘기와 구름,
공원과 벤치와 잔디가 썩어가고
시인이 부른 '아름다운 것들'은 떠났다.

도시의 작은 폭포는 높은 음의 합창을 하고
40년대의 의사가 산책하는 폭포 위의 하늘,
하늘에서 물은 날마다 무지개가 되었지만
이제는 싱싱한 포말도 마른 폐허의 쓰레기장.
가난과 범죄와 마약과 에이즈의 도시,
증오와 불면과 공포의 총소리만 남았다.

사람의 눈총이 매연의 도시를 떨게 한다.
핏자국이 자동차 바퀴 밑에서 다시 죽고
나는 당신의 도시에 바로 서보지도 못하고
질린 마음으로 황망히 천국의 시를 찢는다.
타락하는 도시에서 떨어지는 무정란의 아이들,
그간에도 나라의 모든 도시들이 무너지고 있었다.

2

1992년 4월말, 로스앤젤레스의 밤,
천사의 도시는 지옥의 어두운 불길에 싸이고
한국인 이민이 일구어놓은 코리아 타운이,
땀과 눈물과 희망과 약속이 짓밟혔다.
방화와 약탈과 살인의 며칠과 몇 해,
도시는 절망과 치욕의 잿더미로 쓰러졌다.

가난과 물불 없는 경쟁에서는 진작 밀려난 후
고국은 너무 멀었고 총알은 매일 귀끝을 스쳤다.
영어와 한국어를 섞어서 울부짖는 동족의 외침
핏발 선 두 눈을 가리는 억울한 눈물로도
지붕 위에 올라선 기관단총의 방패로도
무법의 높은 파도는 막아내기 힘들었다.

몰락한 도시를 덮고 일어서는
당신의 새 노래가 그립다.
하늘을 향해 빠르게 오르는 무지개,
모든 인종이 손잡고 춤추는 '아름다운 것들.'
새로운 패터슨 시의 탄성이 그립다.

아, 무지개의 모든 물방울이 한꺼번에
우리를 하나로 감싸면서 쏟아져내린다.

* 패터슨 시: 미국 현대시의 출발점이라고 통칭되는 시인이며 의사였던 윌리엄 칼로스 윌리엄스William C. Williams의 대표적 장시(長詩)의 제목. 미국 뉴저지 주 북부의 작은 도시.

차고 뜨겁고 어두운 것

 한 처음에, 차고 뜨겁고 어두운 것이 있었다. 이탈리아에서 열린 세계 천문학회에서는 캘리포니아 대학과 케임브리지 대학과 애리조나 대학의 천문학 교수들이 이구동성으로 설파했다. 천만 광년이나 천억 광년 전에 태양계는 물론, 우주계는 물론, 그 이상의 전체의 한 처음에, 차고 뜨겁고 어두운 것이 있었다.

 나는 예과 시절에 식물학을 좋아했다. 크고 작은 꽃과 나무와 풀잎의 이름을 많이 외우고 있었고, 식물 채집과 표본은 언제나 학년에서 으뜸이었고 위안이었다. 30년이 더 지난 요즈음, 나는 그 풀잎이나 꽃의 이름을 거의 다 잊고 말았다. 멀리 살고 있는 친구의 이름도, 얼굴도 많이 기억해낼 수가 없다. 내 이름도 달라져버렸다. 아무도 내 이름을 어릴 적의 친구들같이 불러주지 않았다. 노벨상을 받은 스페인의 시인 히메네즈는 말했다. 신경쓰지 않아도 되는 자유로움 때문에 미국을 선택한 나는, 자유를 얻은 대가로 내 언어의 생명과 마음의 빛과 안정의 땅을 다 잃어버렸다. ─내게도 안정의 땅과 마음의 빛이 있었을까.

한 처음에, 차고 뜨겁고 어두운 것이 있었다. 빅뱅 이후로 계속해서, 2/3는 차고 어두운 것, 1/3은 뜨겁고 어두운 것이 섞여서 공간의 안팎을 메우고 있었다. 차고 어두운 것은 빛이 없었기 때문이고, 뜨겁고 어두운 것은 중성자 계통 때문이었다. 차고 뜨겁고 어두운 것의 분포는 컴퓨터로 계산되어 이달 목요일판에 발표될 것이다.

 그리스와 터키에도 많은 한국 사람이 서로 딴 말을 하면서 살고 있었다. 지중해의 동쪽 변경 사이프러스에도, 아프리카의 케냐와 탄자니아 사이에도 한국 사람이 닻을 내리고 살고 있었다. 북해의 북쪽 끝, 노르웨이에서 북쪽 바다로 하루종일 나가 있는, 북위 70도 근처의 작은 섬나라, 인구 7만의 수도 레이커빅에도 한국 식당이 있었다. 화산과 빙산에 싸인 섬에서 김선생님 댁은 김치찌개를 끓이면서 말했다. 우리만일까요 뭐. 모두가 다 그렇게 사는 것이겠지요. 무엇이건 오래 그리워하면 그게 다 사방 바다로 밀려나가 한정 없이 저런 파도 소리를 만들어낸대요. ─파도가 아파하는 소리 너무 커서 밤잠을 설치다가, 나는 사흘 만에 그 섬을 떠났다.

 예정에 없던 항해였을까. 내 바닷길은 처음부터 차고 뜨겁고 어두웠다. 눈물이 뜨거웠다. 이제 험난한 길을 열고 목요일의 우주가 도착할 것이다. 한 처음에, 차고 뜨겁고 어두운 것이 있었다(한 처음에, 그 전부터, 말씀이 있었다. ……그 말씀이 곧, 참 빛이었다). 그 빛이 보이지 않았다.

동생을 위한 弔詩
— 외국에서 변을 당한 壎에게

1. 入棺式

어릴 때는 고등학교까지 같은 이불을 덮고
대학에 가서는 작은 아랫방을 나누어 쓰고
장가든 다음에는 외국에까지 나를 따라와
여기 같은 동네 바로 뒷길에 살던
내 동생 졸지에 억울하게 죽었습니다, 하느님.

동생이고 친구고 내 의지처였습니다.
싸움 한번도, 목소리 한번도 높이지 않은
들풀처럼 싱글거리며 착하게 살던 내 단짝,
하느님, 당신밖에 하소연할 곳이 없습니다.

눈물이 자꾸 납니다.
관을 덮고 나면 내일 하늘이 열리고
내일 지나면 이 땅에서 지워질 이름,
당신을 원망하지 않겠다고 약속합니다.
귀염둥이 내 자식이라고 받아주세요.

2. 고잉 홈

고잉 홈
(너 몰랐지? 여기서는 관에다가
고잉 홈이라는 말을 많이 새겨넣는구나.)
네가 누울 관을 고르면서
줄줄이 늘어선 관을 공연히 어루만지면서
자꾸 읽게 된다. 고잉 홈.
그래, 너도 결국 집에 가는 거구나.

태평양 너머의 고향이든
저 높은 그 위의 고향이든
잘 가라, 아무 말 안 해도
나는 네가 어디로 가고 싶은지 안다.

고잉 홈.
잘 있어, 형.
나는 집에 돌아가는 거래.
너무 보고 싶어하지 마, 형.
네 쓸쓸하게 빈 목소리,

여기저기서 기막히게 들린다.

3. 영화 「아버지의 이름으로」

오랜만에 같이 본 영화가 끝난 뒤
너는 술까지 한잔 사면서 내 건강 걱정해주고
(자식을 끝까지 믿은 아버지는 감옥에서 눈감고)
좋아했던 영화는 어디서 아직 상영중인데 —

아버지의 이름으로 너는 평생을 마감하고
아버지의 이름으로 너를 보내면서
아버지의 이름으로 슬픔을 참아내면서
아버지의 이름으로,
내 너를 다시 만날 것 믿는다.

4. 비 오는 나라

하루종일 봄비가 의심하는 세상을 적신다.
사람이야 언제 어디서고 죽게 마련이지만
외국의 봄날 흐리게 허물어진

동생이 저녁까지 봄비 되어 울고 있다.

비는 내려서 땅에 스며들고
스며서 땅 사이로 사라지는 침묵.
해직당한 고국을 그리워하던
적막 강산이 눈물 사이로 보인다.
온몸이 젖어서 두 눈을 크게 뜨는 너.
(혹은, 나.)

비는 왜 이렇게 소리치며 밤새 오는지.
빗소리 듣다가 풋잠 잠시 들고
또 언뜻 잠 깨어 다시 듣는 빗소리
집 밖의 사방에는 벌써 수상한 미명.
춥다.
너도 춥지?

5. 맑은 날의 얼굴

그만한 고통도 경험해보지 않고
어떻게 하늘나라를 기웃거릴 수 있겠냐구?

그만한 절망도 경험해보지 않고, 누구에게
영원히 살게 해달라 청할 수 있겠냐구?
벼랑 끝에 서 있는 무섭고 외로운 시간 없이
어떻게 사랑의 진정을 알아낼 수 있겠냐구?
말이나 글로는 갈 수 없는 먼 길의 끝의 평화,
네 간절하고 가난한 믿음이 우리를 울린다.

오늘은 날씨가 밝고 따뜻하다.
하늘을 보니 네 얼굴이 넓게 떠 있다.
웃고 있는 얼굴이 몇 개로 보인다.
너같이 착하고 맑은 하늘에
네 얼굴 자꾸 넓게 번진다.
눈부신 천 개의 색깔, 네 얼굴에 번진다.

6. 있는 것이 안 보이는

네가 잠들고 싶은 곳은 너무 멀어서
외국 땅에 너를 묻고 이를 물지만
땅이야 뭐 다를 리가 없겠지
질소와 탄소와 뭐 그런 것들 —

그러나 어째서 네가 땅만이겠느냐.
너는 죽고 나는 아직 살아 있다지만
너는 웃고 있겠지, 나를 놀리면서
형, 사실은 네가 죽고 내가 산 거야.
그렇지, 그렇게 유리창같이 환하게
너는 그쪽에서, 나는 이쪽에서
산 것과 죽은 것이 서로 보이는구나.
없는 것이 보이는 무지개같이
있는 것이 안 보이는 네 혼백같이 —

7. 뱃 길

혼자 물가에 왔다.
추운 동네의 깊은 물은
통곡같이 밀려가고 밀려오면서
파도 높이 흰 목숨을 패대기친다.
아무리 기다려도 끝내지 않는
못다 끝낸 네 몸짓 알아듣는다.
네 눈자위 점점 젖어오고
내 살은 천천히 언다.

상처투성이의 내 목숨이지만
너 가는 뱃길에 동무 되어주랴?
지국총, 지국총,
주름살투성이의 내 목숨이지만
너 가는 뱃길에 흥이 되어주랴?
지국총, 지국총,
요단 강인지, 천년 전의 한강인지
깊고 긴 강 건너에 눈을 주지만
아무것도 보이지 않는
네가 떠난 길.

8. 혹시 미시령에

동규형 시집 미시령인가 하는 것 좀 빌려줘,
너랑 마지막 나눈 말이 이 전화였구나.
나도 모르는 곳, 너와 내 말이 끝난 곳,
강원도 어디 바람 많은 곳인 모양이던데.

요즈음 네 무덤가에서 슴슴한 바람을 만나면

내가 몇 번을 잊어버리고 빌려주지 못한 미시령,
혹시 그곳에 네가 혼자 찾아간 것은 아닐까.
내년쯤 일시 귀국을 하면 꼭 찾아가봐야지,
네가 혹시 그 바람 속에 섞여 살고 있을는지.

너를 알아보지 못하고 바람만 만나게 되면
흔들리는 그거라도 옷자락에 묻혀와야지,
그 바람 털어낼 때마다 네 말이 들리겠지,
내 시를 그렇게 좋아해준, 너는 그러겠지,
형, 나도 잘 알아듣게, 쉽고 좋은 시 많이 써.
이제 너는 죽고 나는 네 죽음을 시쓰고 있구나.
세상 사는 일이 도무지 어처구니없구나.
시를 쓴다는 일이 이렇게도 하염없구나.

9. 造花

아직 비석도 세우지 못한 네 무덤
꽂아놓은 조화는 아름답구나.
큰비 온 다음날도, 불볕의 며칠도
조화는 쓰러지지 않고 웃고 있구나.

무심한 모습이 죽지 않아서 좋구나.
향기를 남기지 않아서 좋구나.

나는 이제 살아 있는 꽃을 보면
가슴 아파진다.
며칠이면 시들어 떨어질 꽃의 눈매
그 눈매 깨끗하고 싱싱할수록
가슴 아파진다.
살아 있는 모든 것이 이프다.

10. 청량리 꿈

 책방에 들렀더니 네가 책을 읽고 있더구나. 뒤돌아서서 책만 열심히 읽기에 긴가민가 너를 불렀더니 태연스럽게 고개를 들더구나. 여전히 건강한 얼굴로 나를 반기더구나. 반가웠다, 정말.

 나는 급한 마음에 우선 물었지. 너 지금 도대체 어디에 살고 있는 거냐? 청량리! 청량리? 그래도 네 식구들한테는 소식을 알려야지. 아무도 네가 이렇게 살아 있는 것을 모르고 있단다. 청량리?

 형, 나도 알아. 그렇지만 이제 나한테 미국 이야기는 하지 마. 나는 다시는 그곳에 가지 않을 거야. 편지도 안 쓰고 전화도 안 할 거야. 형이 그냥 잘살고 있더라고만 전해줘. 그래, 그래. 그렇게 전하구말구. 그래, 청량리면 어떻고 어디면 어떠냐.

 문득 잠이 깨고 아쉬운 마음 몸을 저리게 하지만, 그래도 행복해 보이던 너를 보았으니 좋구나. 잘살아라, 어디서든— 한새벽의 한정 없는 눈물은 내가 몰래 닦으마. 잘살아라, 어디서든— 늪 깊은 내 낙담은 아무에게도 보이지 않으마.

11. 남은 풍경

 새 한 마리 작은 나뭇가지에 앉았습니다.
 나뭇가지 작게 흔들리기 시작합니다.
 새가 날아가버린 후에도 나뭇가지는
 아무것도 모르고 아직 떨고 있습니다.

나뭇가지 혼자 흐느껴 우는 것 같습니다.
남아 있는 풍경이 혼자서 어두워집니다.

묘지에서

1
동생이 죽어 묻힌 외국의 공원묘지,
일 년이 지나도 풀이 잘 자라지 않는다.
한글로 이름 새긴 비석에 기대 앉으면
땅 밑의 너, 땅 위에는 낮은 하늘이 몇 개,
여기가 과연 느슨한 평생의 어디쯤인가.

2
네가 떠난 후에도 매일 날이 밝고 밤이 어두워졌다. 어쩌다 잘못 꺾어든 길에서 너는 끝이 났지만 고맙다, 지난 수십 년, 착한 동생으로 내 옆에서 살아준, 가끔은 건방진 내 마음의 발길에 차여 아파했을 너. 멍도 풀고 한도 풀고 하늘도 풀어서, 우리가 다시 만나 기뻐 뛰며 울 날까지 ─ 건강해라. 깊고 깊은 숨 속에서 건강하거라.

3
묘지 근처의 모든 공기는 언제나 생각에 잠겨 있다.
묘지 근처의 공기는 언제나 먼 곳을 보고 있다.
조용하고 가득한 냄새만 사방에 번진다.

일 년이 지나도 갈색빛을 지키는 땅바닥에
나는 너무 아프다고 중얼거린다.
멀찍이서 울던 새 한 마리 갑자기 입을 다물어버린다.
묘지의 공기가 힘 죽이고 땅 밑으로 스며들고 있다.

내 동생의 손

생시에도 부드럽게 정이 가던 손,
늙지 않은 나이에 자유롭게 되어
죽은 후에는 내 주머니 속에 넣고 다닌다.

속상하게 마음 아픈 날에는 주머니 뒤져
아직 따뜻한 동생의 손을 잡으면
아프던 내 뼈들이 편안해진다.

내 보약이 되어버린 동생의 약손,
주머니에서 나와 때로는 공중에 뜨는
눈에 익은 손, 돈에 익지 않은 손.

내 동생의 손이 젖어 우는 날에는
내가 두 손으로 잡고 달래주어야
생시처럼 울음을 그치는 눈물 많은 손.

내 동생이 땅과 하늘에 묻은 손,
땅과 하늘이 슬픔의 원천인가,
그 슬픔도 지나 멀리 떠나는
안타깝게 손 흔들어대는
내 동생의 저 떨리는 손!

허술하고 짧은 탄식

1
산소 근처의 이슬은
중천의 햇살에도
다 마르지 않았다.
고국같이 높은 하늘이
깨끗하게 가고 있구나.
아마 네가 살고 있는 곳.
너무 맑고 멀어서
가을에는 기슴이 디 시리구나.

2
며칠 전에는 네 묘지 근처에
내가 묻힐 작은 터를 미리 샀다.
가슴 펴고 고국에 묻히고 싶기야
너와 내가 같은 생각이었지만
혹시 나도 그 소원 이룰 수 없다면
차라리 네 근처가 나을 것 같아서.
책을 읽든, 술을 마시든,
아니면 그냥 싱섭게 싱글거리든,
다시 한번 네 가까이에 살고 싶어서.

3
꽃이 져야 열매가 보이듯
네가 가고 난 후에야
네 온기가 느껴지는구나.
네가 가고 난 후에야
네 친구가 보이는구나.
네가 가고 난 후에야
내가 얼마나 네게 기대고 살아왔는지!

4
그래, 길어야 십 년, 이십 년,
얼마나 세월이 빨리 지나가더냐.
그때 만나서 놀기로 하자.
그간에 어쭙잖게 너를 글쓰니까
네 인상이 오히려 흐려지는 것 같다.
이제는 더 이상 쓰지 않겠다.
그냥 내 가슴의 중심, 기억의 뜰에서
네 착한 성품과 시달린 혼 쉬게 하겠다.
내가 살아 있는 동안에는 내게 있어라.

그래, 길어야 십 년, 이십 년,
얼마나 세월이 빨리 지나가더냐.

I

새의 초상

어머니, 같이 가시지요.
고개 더 숙이시고
깊은 추억의 우물물.
매일 힘겹게 길어올리시며
한 모금씩 연명하시는
어머니 그늘.

혼자서 오래 기다리는
해지는 저녁물
지나간 흔적의 그리운 말소리 들린다.
그래요, 어머니.
황혼이 떠나고 있습니다.

문득 저 하늘의 끝,
작아지는 몸 털고 일어나
날개쳐 오르는 새!
세상의 바깥으로, 그
바깥으로 향하는
삭은 새의 사라짐.
눈부신 열림.

길

1
마실 물도 없는 귀양의 돌 섬,
파도는 사방에서 섬을 껴안고
돌 같은 사랑을 토하고 있다.
웃고 있는 사도 요한이 나이를 먹는다.

요한의 묵시록이 숨죽인 동굴,
일곱 도시에 보낸 편지는 도착이나 했는지.
세 길로 갈라진 천장을 만져본다.
요한의 깊은 꿈이 눈뜨고 있다.

서로 사랑해라, 파트모스 섬.*
서로 사랑하면 하느님이 보인다.
하루종일 기다려도 오가는 이 없고
노망이 든 들꽃 몇 개 머리 흔들며
그대 웃고 간 길에 그림자 뿌린다.

2
나 그대 원망하지 않는다.
이 길이 마침내 끝날 때까지

인가 하나, 나그네 하나 보이지 않아도
그대 때문에 다시 떠나는 길,
느린 걸음이라도 어떻게 멈추랴.
척추를 타고 내리는 서늘한 벌판.
거친 먼지 뒤덮인 일상의 길에서
입다문 그대의 입술에까지.
피땀 젖은 그대의 허리께까지.

* 파트모스 섬: 시도 요한이 신약의 묵시록을 썼다는 그리스의 작은 섬.

과수원에서

시끄럽고 뜨거운 한철을 보내고
뒤돌아본 결실의 과수원에서
사과나무 한 그루가 내게 말했다.
오랜 세월 지나가도 그 목소리는
내 귀에 깊이 남아 자주 생각난다.

―나는 너무 많은 것을 그냥 받았다.
 땅은 내게 많은 것을 그냥 주었다.
 봄에는 젊고 싱싱하게 힘을 주었고
 여름에는 엄청난 꽃과 향기의 춤,
 밤낮없는 환상의 축제를 즐겼다.
 이제 가지에 달린 열매를 너에게 준다.
 남에게 줄 수 있는 이 기쁨도 그냥 받은 것,
 땅에서, 하늘에서, 주위의 모두에게서
 나는 너무 많은 것을 그냥 받았다.

―내 몸의 열매를 다 너에게 주어
 내가 다시 가난하고 가벼워지면
 미미하고 귀한 사연도 밝게 보이겠지.
 그 감격이 내 몸을 맑게 씻어주겠지.

열매는 즐거움 되고, 남은 씨 땅에 지면
수많은 내 생명이 다시 살아나는구나.
주는 것이 바로 사는 길이 되는구나.

오랜 세월 지나가도 그 목소리는
내 귀에 깊이 남아 자주 생각나기를.

아테네의 개

지중해로 낯을 씻은 푸른 달도
아테네의 밤을 잠재우지 못한다.
수많은 신들이 모여 사는 신화의 고향 땅,
사람들은 대리석 속에 들어가 잠을 청하고
무더기로 길거리 헤매는 수많은 개,
불면증에 시달리는 도시의 먼지 너머
서서 자는 여신의 두 다리가 부어 있다.

개 짖는 소리에 선잠이 깬 새벽녘
서양 문명의 시작이 휴지 되어 날리고
어두운 개가 조상의 뼈를 씹는다.
그 위에 옷 벗고 달아나는 서양 달,
날개 잃은 아이들이 무대 뒤로 사라진다.

가을 산

내가 옛날에 바람의 몸으로
세상을 종횡으로 누빌 때
높고 낮은 것도 가리지 않고
치고 안고 뒹굴고 다닐 때
산은 자꾸 내게서 눈을 돌렸지.

이제 들리지 않던 소리 새로 들리고
소리들 모여 사는 낮은 산에 싸여
한평생의 저녁은 이렇게 오던가.
푸른 구름의 너그러운 나그네 말이 없고
그 백수의 풍경만 나를 채우네.

오, 가을 산에 모인 빛,
죽은 나뭇잎의 찬란한 색깔,
그 영혼의 색깔,
숨어 살던 내 바람까지
오색의 춤판이 되어 돌아오네.

혼 자

 소아시아의 터키 땅, 신약성서의 에페소 도시를 여행하면서 초대 교회의 전교와 박해와 지진을 느끼는 발걸음, 완전 폐허가 된 옛날 도시에서 사도 바울의 열띤 음성을 듣다가, 보석상이 많았던 번화가를 지나 창녀 집으로 숨어 들어가던 버려진 길목도 기웃거려 보고, 한나절 빈 도시를 가로질러 뒤쪽 성문을 빠져 나오면, 이천 년의 비감하게 웅장한 모습 삽시에 사라지고, 가난한 촌바닥 싸구려 노점 장터가 줄 서서, 먼지 쌓인 기념품들을 팔고 있었다. 무더기로 몰려오는 호객의 아우성 피해 잠시 혼란해진 내게, 바짝 다가서는 장사치 소년, 피난 시절 신문팔이하던 어린 내가 보였다.

―유 코리안? 유 자빠니이즈?
 내가 코리안이던가. 그래 내가 코리안이다.
―컴, 마이 머더 코리안! 마이 머더 코리안!
 얼결에 따라간 천막 노점상 안
 늦30대의 초라한 한국 여인이 머리 숙인다.
―한국 분? ―네.
―반갑습니다. ―네.

─여긴 얼마나? ─한 십오 년……
─이 근처엔 딴 한국 분도? ─혼자……
─혼자뿐이세요?(이 먼지 속에!) ─네……
─나도 딴 나라에서 산 지가 20년 넘었어요.
─아, 네. 20년……
 피곤한 당신 눈 속에 쌓인 딴 나라의 먼지.

 근처를 빙빙 도는 터키인 남편에게 눈치보여, 만국기 가슴판에 붙여놓은 싸구려 셔츠 한 뭉치 사고, 득의만면 나를 올려보는 소년에게서도, 뿔피리 몇 개 사주고 황망히 떠날 준비를 한다. 잘사세요. ─네, 안녕히 가세요. 터키 땅에까지 와서도 우리들의 인사는 안녕히 어디로 가라는 것이구나. 보퉁이를 들고 관광버스에 올라탄다. 백인들 판에 노란 한 점. 맨발의 소년이 길거리에 서서 손을 흔들어주며 웃는다. 다시 창밖을 본다. 소년은 그새 없어지고 빗방울이 차창을 때리기 시작한다. 혼자뿐이라고? 바보! 혼자…… 문득 무진한 갈대밭이 된 에페소의 성 밖으로, 가는 비 맞으며 혼자 걸어가는, 네가 좋아하는 쓸쓸한 하느님.

박 꽃

그날 밤은 보름달이었다.
건넛집 지붕에는 흰 박꽃이
수없이 펼쳐져 피어 있었다.
한밤의 달빛이 푸른 아우라로
박꽃의 주위를 감싸고 있었다.
— 박꽃이 저렇게 아름답구나.
— 네.
아버지 방 툇마루에 앉아서 나눈 한마디,
얼마나 또 오래 서로 딴생각을 하며
박꽃을 보고 꽃의 나머지 이야기를 들었을까.
— 이제 들어가 자려무나.
— 네, 아버지.
문득 돌아본 아버지는 눈물을 닦고 계셨다.

오래 잊었던 그 밤이 왜 갑자기 생각났을까.
내 아이들은 박꽃이 무엇인지 한번 보지도 못하고
하나씩 나이 차서 집을 떠났고
그분의 눈물은 이제야 가슴에 절절이 다가와
떨어져 있는 것이 하나 외롭지 않고
내게는 귀하게만 여겨지네.

山 行

내가 몇 해 전 고국의 산에 들어가니
나라보다 몇 배나 아름다운 들꽃이 흥건히 피어
그 꽃물 내 뱃속까지 번지게 나를 안아주더라.
話頭가 어찌 내리막길의 마지막 표적이 되랴.
산이 물 속에 있고 물이 산속에 또 있느니
오랜만에 찾아간 고국의 산은 아무 몸짓 없이
사람들의 많은 말을 귀담아듣지 말라네.
편안하고 부드러운 산에 내가 더 들어가
그간에 기른 몇 마리 새 지붕 위로 날려보내느니
모든 부끄러움의 어머니, 아득한 목마름의 메아리가
안개 되어 산을 가리고 또 나까지 가려주네.

山行 2

이른 아침에는 나무도 우는구나.
가는 어깨에 손을 얹기도 전에
밤새 모인 이슬로 울어버리는구나.
누가 모든 외로움을 말끔히 씻어주랴.
아직도 잔잔히 떨고 있는 지난날,
잠시 쉬는 자세로 주위를 둘러본다.
앞길을 묻지 않고 떠나온 이번 산행,
정상이 보이지 않는 것 누구 탓을 하랴.
등짐을 다시 추슬러 떠날 준비를 한다.
시야가 온통 젖어 있는 길.

山行 3

오후까지 어둡게 막아놓고 산중에 가는 비 내린다.
한세상 사는 것도 그저 어수룩한 속셈이 좋을까.
짐작할 만하다가 고개 잠시 돌리면 방향도 안 보이고
어느 때는 동행까지 축축하게 젖어서 지워지고 마는
미끄러운 바위, 만만한 틈에서만 다치는 어리석음.
옷 벗은 네 몸 보기는 처음이다.
젖어서 편안해 보인다.
산정에 오르기를 포기하고 계곡을 길삼아 내려온다.
떠나지 못한 바람 몇 개, 숲속에 숨어 낯을 가린다.

게이의 남편

내 친구 지미가 죽었다.
흰둥이 지미는 병원 초음파실 기사실장,
내 논문 문장도 도와주고 볼테르의 철학을 좋아한,
오른쪽 귀에 은 귀고리 당당하게 달고 다니던
동성연애, 게이, 착하고 똑똑한 호모.

샌프란시스코―호모들의 도시로 쫓겨간 뒤에는
버림받은 에이즈 환자들 위해 헌신한다더니
―죽은 내 친구들이 이 도시를 채웁니다.
  밤이면 애인과 도시 위를 날아다닙니다.
  손가락질 없는 사랑의 자유가 그립습니다.
편지 속에서 시들어 병드는 것을 알았고
병원을 그만둔 것 알았고, 어제 온 장거리 전화.

―나는 지미의 남편이었습니다. 지미가 죽었습
  니다.
  그곳 있을 때 많이 도와준 것 고마웠다고……
태평양 쪽의 목소리, 지미의 남편? 남자의 남편?
내 목소리는 계면쩍고 저쪽에서는 흐느껴 운다.
우는 것까지 어색하게 들리는 요원한 거리감의 전화,

사십을 겨우 넘기고 죽은 지미의 사랑 노래.
흥얼거리던 곡조가 미국의 저녁에 번져가고 있다.

이 세상의 긴 江

1
일찍 내린 저녁 산 그림자 걸어나와
폭 넓은 저문 강을 덮기 시작하면
오래된 강물결 한결 가늘어지고
강의 이름도 국적도 모두 희미해지는구나.

국적이 불분명한 강가에 자리 마련하고
자주 길을 잃는 내 최근을 불러모아
뒤척이는 물소리 들으며 밤을 지새면
국적이 불분명한 너와 나의 몸도
깊이 모를 이 강의 모든 물에 젖고
아, 사람들이 이렇게 물로 통해 있는 한
우리가 모두 고향 사람인 것을 알겠구나.

마침내 무거운 밤 헤치고 새벽이 스며든다.
수만 개로 반짝이는 눈부신 물의 눈,
강물들 서로 섞여서 몸과 몸을 비벼댄다.
아, 그 물빛, 어디선가 내 젊었을 때 보았던 빛,
그렇게 하나같이 비슷한 방향으로 가는 우리,
길 잃고도 쓰러지지 않는 동행을 알겠구나.

2

 며칠 동안 혼자서 긴 강이 흐르는 기슭에서 지냈다. 티브이도, 라디오도 없었고, 문학도 미술도 음악도 없었다. 있는 것은 모두 살아 있었다. 음악이 물과 바위 사이에 살아 있었고, 풀잎 이슬 만나는 다른 이슬의 입술에 미술이 살고 있었다. 땅바닥을 더듬는 벌레의 촉수에 사는 시, 소설은 그 벌레의 길고 여유 있는 여정에 살고 있었다.

 있는 것은 모두 움직이고 있었다. 물이, 나뭇잎이, 구름이, 새와 작은 동물이 쉬지 않고 움직였고, 빗물이, 밤벌레의 울음이, 낮의 햇빛과 밤의 달빛과 강의 물빛과 그 모든 것의 그림자가 움직이고 있었다. 움직이는 세상이 내 주위에서 나를 밀어내며 내 몸을 움직여주었다. 나는 몸을 송두리째 내어놓고 무성한 나뭇잎의 호흡을 흉내내어 숨쉬기 시작했다.

 마침내 나는 내 살까지도 살아 숨쉬고 있는 것을 알 수 있었다. 숨쉬는 몸이, 불안한 내 머리의 복잡한 명령을 떠나자 편안해지기 시작했다. 어깨가 가벼워지고 눈이 밝아지고, 나무 열매가 거미줄 속에 숨고, 곤충이 깃을 흔들어내는 사랑 노래도 볼 수 있었다. 나는 세상의 모든 것이 하나가 되어 움직이고 있는 것을 드디어 알게 되었다.

　세상의 모든 것은 하나였다. 다를 수가 없었다. 그래서 나는 크고 작은 것의 차이에서 떠나기로 결심했다. 보이는 것과 안 보이는 것의 차이에서 떠나고, 살고 죽는 것의 차이에서 떠나기로 결심했다. 그것은 내게도 어려운 결심이었다. 며칠 후 인적 없는 강기슭을 떠나며 작별 인사를 하자 강은 말없이 내게 다가와 맑고 긴 강물 몇 개를 내 가슴에 넣어주었다. 그래서 나는 강이 되었다.

IV

눈 오는 날의 미사

하늘에 사는 흰 옷 입은 하느님과
그 아들의 순한 입김과
내게는 아직도 느껴지다 말다 하는
하느님의 혼까지 함께 섞여서
겨울 아침 한정 없이 눈이 되어 내린다.

그 눈송이 받아 입술을 적신다.
가장 아름다운 모형의 물이
오래 비어 있던 나를 채운다.
사방을 에워싸는 하느님의 문신,
땅에까지 내려오는 겸손한 무너짐,
눈 내리는 아침은 희고 따뜻하다.

自畫像

흰색을 많이 쓰는 화가가
겨울 해변에 서 있다.
파도가 씻어버린 화면에
눈처럼 내리는 눈,
어제 내린 눈을 덮어서
어제와 오늘이 내일이 된다.

사랑하고 믿으면, 우리는
모든 실체에서 해방된다.
실패한 짧은 혁명같이
젊은이는 시간 밖으로 걸어나가고
백발이 되어 돌아오는 우리들의 꿈,
움직이는 물은 쉽게 얼지 않는다.
그 추위가 키워준 내 신명의 춤사위.

휘닉스 파크로 가는 길

교포 일간지의 현상 모집 시 수백 편을 심사하다가
— 고단한 이민의 삶이여, 청과상의 새벽이여,
— 국적기를 타고 당당히 고국에 가보고 싶다.
많이는 우울하고 답답하고 순진한 글을 읽다가
머리 무거워 집어든 고국의 문예 잡지, 산뜻한 광고.
— 남과 다르게 살고 싶은 삶. — 휘닉스 파크.
— 휘닉스 파크는 다릅니다. 스카이 콘도 분양 시작.
— 명예와 긍지를 최우선, 남과 다르게 살자.

그랬을까, 나도 한때는 남과 다르게 살고 싶었을까.
머리털부터 발끝까지 서양식으로 분장을 마치고
명예와 긍지를 위해 외국말을 하며 살고 싶었을까.
휘닉스 파크는 서양 신화의 불사조가 사는 공원,
'휴양과 건강을 리후레쉬하는 정적인 장소'라고?
휴양을 어떻게 리후레쉬한다는 거지?
　(서울 친구는 '파크'를 작은 호텔의 통칭이라고 했지.
　'가든'은 정원이 아니고 불고깃집,
　'하우스'는 집이 아니고 온실 재배의 비닐 천막,
　오래 밖에서 살다 오면 이런 것 배우기도 재미있겠

지.)

 휘닉스 파크로 가는 길은 간단하고 어렵게 짐작된다.
 6번 국도에서 26km, 장평에서는 14km,
 서울과 강릉의 중간쯤인 모양이니 영동고속도로를 타고
 어차피 고국에는 차가 넘치니까 고속을 저속으로 몰면서
 저 산과 이 산의 저 속과 고 속을 어루만지면서
 구경하고 가는 계절이야 늦가을이 최고겠지.
 황홀한 단풍 색깔, 그 나무 냄새에 가슴 또 저리는구나.

 설사 휘닉스 파크로 가는 길이 늦어져 찬바람 불어도
 늦어진 내 귀국을 변명하면서 추위 막을 준비를 해야지.
 콘도 분양을 받기보다는 꽃나무 분재나 하나 얻어서
 이 겨울은 바람에 펄럭이는 빈 '하우스'에서 날까.

남다르게 살지 말라는 유언이 눈발 되어 날리는 길,
가볍고 순진한 발걸음, 휘닉스 파크로 가는 길.

나무가 있는 풍경

두려워하지 마라. 내가 네 옆에 있다.
흐린 아침 미사중에 들은 한 구절이
창백한 나라에서 내리는 성긴 눈발이 되어
옷깃 여미고 주위를 살피게 하네요.
누구요? 안 보이는 것은 아직도 안 보이고
잎과 열매 다 잃은 백양나무 하나가 울고 있습니다.
먼지 묻은 하느님의 사진을 닦고 있는 나무,
그래도 눈물은 영혼의 부동액이라구요?
눈물이 없으면 우리는 다 얼어버린다구요?
내가 몰입했던 단단한 뼈의 성문 열리고
울음 그치고 일어서는 내 백양나무 하나.

폭 설

무엇이 당신을 잠 못 들게 하는가.
깊은 산속에서 만난 눈사태
앞이 보이지 않게 한정 없이 내리는 꽃잎.
눈 내리는 소리는 침묵보다 조용하다.
온몸에 눈 덮고 잠이 드는 나무들.
아름다운 것은 조용하다.
모든 아름다운 것은 간단하다.

아직 잠들지 못한 나무는 추위를 많이 타는가.
폭설을 핑계 삼아 기대고 다가서서
아무도 말리지 못하게 서로를 만지는 나무.
가지가 부러지고 큰 눈꽃 떨어지기 시작한다.
조용한 것이 무서워진다.
저녁이 내리는 우리들이 무서워진다.

봄의 소리
── 최춘봉에게

사십 년 가까이 친했던 내 친구
신음하며 앓다가 죽었다.
헐벗고 덧없어서 지쳐버린 일상 중
어디서 갑자기 싱글벙글 떠드는 소리,
놀라서 며칠 만에 고개 들어 올려보니
눈부신 목련, 눈부신 내 친구,
온 천지에 무진한 목련이
그 꽃잎을 여는 소리.

알반 베르그의 열매

알반 베르그의 클라리넷이 사방에서
흙먼지 뒤집어쓴 가을 꽃을 목욕시킨다.
오랜 치욕의 손가락질 털어버리고
우리의 구원의 표시가 되어버린
얼굴 붉히는 소아시아의 가을 들꽃.
바오로가 쫓겨나던 구월이나 시월쯤에는
헐벗은 산등성이에 서 있던 바람이
귀 맑은 공기가 되어 들꽃을 안는다.

알반 베르그는 열두 개의 눈을 뜬 매력.
누구는 우주가 자꾸 늘어난다고 하고
스티븐 호킹의 우주는 줄어들고 있다지만
지평선은 아직도 어디에 앉을지 결정하지 못한 채
몇 번씩 변하는 색깔로 열매를 익힌다.
그래서 밤잠을 자주 설치는 목쉰 나무의 노래,
구월이나 시월쯤에는 모두 돌아올 것이다.
반갑다. 이름없는 나무가 자기 주소를 새긴다.

코스모스로 가는 길

과연 어리석은 자들만
만져지는 것을 믿는가.

우리가 지나온 연옥의 도시들,
다시 깊은 잠속에 빠져들고
누가 죽음의 기적을 부끄러워하랴.

몸의 부드러움이 우리를 떠난 후에도
신음하며 살아가는 기억 속의 아픔이여,
흔적 없이 완전히 죽는 것은 세상에 없다.

떠나온 꽃밭의 길은 어디였던가,
우리가 찾던 도시는 보이지 않고
달콤한 비가 천천히 주위를 적신다.
정다운 돌이 땀을 흘리며 나온다.

빛 같은, 또는 어두움 같은, 그 중간
어리석은 자들만 땅에 숨어서
보이고 만져지는 것만 믿고 있구나.
알렐루야, 알렐루야.

갈 대

바람 센 도로변이나 먼 강변에 사는
생각 없는 갈대들은 왜 키가 같을까.
몇 개만 키가 크면 바람에 머리 잘려나가고
몇 개만 작으면 햇살이 없어 말라버리고
죽는 것 쉽게 전염되는 것까지 알고 있는지,
서로 머리 맞대고 같이 자라는 갈대.

긴 갈대는 겸손하게 머리 자주 숙이고
부자도 가난뱅이도 같은 박자로 춤을 춘다.
항간의 나쁜 소문이야 허리 속에 감추고
동서남북 친구들과 같은 키로 키들거리며
서로 잡아주면서 같이 자는 갈대밭,
아, 갈대밭, 같이 늙고 싶은 상쾌한 잔치판.

이오니아의 추억

 전쟁으로 폐허가 된 서울에 돌아와서도, 펄럭이는 천막의 가교사에서 바람을 가리며, 나는 이오니아식 건축과 고린도식 건축의 차이점을 외우고 있었다. 그 겨울은 유난히 춥고 메말라서 언젠가는 고급스런 이오니아식으로 집을 짓고, 난방 장치 스팀이 들어오는 가죽 의자에 앉아, 추위의 무서운 팔뚝을 꺾어주리라고 대낮부터 허황한 꿈을 꾸며 어깨를 움츠렸다. (이오니아식 집이라니!)

 어릴 적의 배고픔도 이오니아에서 연유했을까. 아버지의 원고료로 며칠마다 사오는 쌀 두 됫박, 그 가벼운 자루 어깨에 메고 진창의 장터를 걸으면서도, 나는 그리스 연안, 이오니아 해의 초록색 바다를 보고 있었다. 맛있는 빵과 포도의 축제에 들떠 있는 이오니아 해, 눈부신 흰 배를 여유 있게 띄워놓은 이오니아 해, 나는 몇 번이나 배고픈 문인이 되지 않겠다고 결심했었다.

 반백의 나이가 되어서야 겨우 도착한 이오니아 해, 내 어릴 적 꿈같이 바다는 여전히 잔잔하고 물 맑았지만 풍성한 물고기들 다 떠나가버린 빈 둥지의 병든 바다. 이오니아식 기둥까지 때묻고 이빨 빠진 늙은이가 되어 있었다. 그래, 세월이 많이 흘러갔구나. 철없던 나이의 그 결심은 어디에 가버리고 늙고 힘없는 이오니아, 나는 아직도 배가 고파 한세상을 헤맨다.

별, 아직 끝나지 않은 기쁨

 오랫동안 별을 싫어했다. 내가 멀리 떨어져 살고 있기 때문인지 너무나 멀리 있는 현실의 바깥에서, 보였다 안 보였다 하는 안쓰러움이 싫었다. 외로워 보이는 게 싫었다. 그러나 지난 여름 북부 산맥의 높은 한밤에 만난 별들은 밝고 크고 수려했다. 손이 담길 것같이 가까운 은하수 속에서 편안히 누워 잠자고 있는 맑은 별들의 숨소리도 정다웠다.

 사람만이 얼굴을 들어 하늘의 별을 볼 수 있었던 옛날에는 아무데서나 별과 이야기를 나눌 수 있었다. 그러나 시간이 빨리 지나가는 요즈음, 사람들은 더 이상 별을 믿지 않고 희망에서도 등을 돌리고 산다. 그 여름 얼마 동안 밤새껏, 착하고 신기한 별밭을 보다가 나는 문득 돌아가신 내 아버지와 죽은 동생의 얼굴을 보고 반가운 이야기를 나누기도 했다.

 사랑하는 이여.
 세상의 모든 모순 위에서 당신을 부른다.
 괴로워하지도 슬퍼하지도 말아라
 순간적이 아닌 인생이 어디에 있겠는가.

내게도 지난 몇 해는 어렵게 왔다.
그 어려움과 지친 몸에 의지하여 당신을 보느니
별이여, 아직 끝나지 않은 애통한 미련이여,
도달하기 어려운 곳에 사는 기쁨을 만나라.
당신의 반응은 하느님의 선물이다.
문을 닫고 불을 끄고
나도 당신의 별을 만진다.

보이는 것을 바라는 것은
희망이 아니므로*

경상도 하회 마을을 방문하러 강둑을 건너고
강진의 초당에서는 고운 물살 안주 삼아 한잔 한다는
친구의 편지에 몇 해 동안 입맛만 다시다가
보이는 것을 바라는 것은 희망이 아니므로,
향기 진한 이탈리아 들꽃을 눈에서 지우고
해뜨고 해지는 광활한 고원의 비밀도 지우고
돌침대에서 일어나 길떠나는 작은 성인의 발.
보이는 것을 바라는 것은 희망이 아니므로,
피붙이 같은 새들과 이승의 인연을 오래 나누고
성도 이름도 포기해버린 야산을 다독거린 후
신들린 듯 엇싸엇싸 몸의 모든 문을 열어버린다.
머리 위로는 여러 개의 하늘이 모여 손을 잡는다.
보이는 것을 바라는 것은 희망이 아니므로,
보이지 않는 나라의 숨, 들리지 않는 목소리의 말,
먼 곳 어렵게 헤치고 온 아늑한 시간 속을 가면서.

* 신약, 「로마서」 8 : 24.

〈해 설〉

한 자유주의자의 떠남과 돌아옴

오　생　근

　마종기는 천생 시인이다. 그가 천생 시인인 것은 타고난 마음의 본바탕이 순진한 시인 같다거나, 생활 속에서 시인다운 풍류가 유난히 많은 사람이라는 뜻에서도 아니고, 운명적으로 시를 쓸 수 밖에 없는 사람이라는 의미에서도 아니다. 외국에 살면서 우리 말로 시를 쓰는 사람들은 많이 있다. 그 사람들에게 시를 쓰는 동기란 조국에 대한 향수 때문일 수도 있고, 그 사회에 완전히 적응하지 못하는 소외감 때문일 수도 있으며, 또한 억누르지 못하는 문학적 정열 때문일 수도 있다. 그 동기가 무엇이건, 그들에게 천생 시인이라는 표현을 부여할 수 있는 경우는 많지 않을 것이다. 마종기를 천생 시인이라고 말하는 까닭은 그의 타고난 시인적 자질 때문이라기보다 그가 자신의 삶을, 현실적 삶이건 내면적 삶이건, 시적 언어의 형식으로 표현하는 데 큰 의미와 가치를 두고,

또한 시를 통해서 자신의 삶을 확인하고, 삶의 변화와 존재 이유를 찾는 사람이기 때문이다. 그는 이미 이 땅에서 어린 시절을 보내고 성장한 세월보다 훨씬 더 많은 시간을 이국의 땅에서 보냈으며, 그 이국의 땅에서 쓴 시가 여기서 시인으로 등단해 젊은 날에 쓴 시보다 훨씬 더 깊이 있는 본격적 경지의 시를 써온 사람이다. 미국에서 미국인 환자를 진찰하고 치료하는 의사로서 영어를 일상어로 사용할 수밖에 없는 생활 속에서도 그가 조국의 언어로 끊임없이 시를 쓴다는 사실만도 놀라운데, 더욱 놀라운 것은 그가 이 땅에서 열심히 시를 쓰는 사람들 못지않게 젊고 살아 있는 언어를 구사할 뿐 아니라 시를 통해 계속 변모하는 정신을 보여준다는 점이다. 그는 젊은 날의 군의관 시절, "군인이 정치에 관여했다는 죄목으로 정보부에 연행되어 미결수로 감방"(『조용한 개선』, 서문) 생활을 하고 치욕스러운 조사를 받던 무렵, "세상에서 가장 심심한 작은 섬" "시끄러운 물새도 없고 꽃도 피지 않는 섬"(「섬」)을 꿈꾸고, 그 섬의 언덕바지 양지바른 곳에서 들풀처럼 조용히 그러나 자유롭게 살고 싶어했다. 그 꿈 때문에 그는 미국으로 떠났지만, 물론 그가 도착한 미국은 그렇게 꿈꾸던 섬이 아니었다. 그는 이러한 심경을 "자유로움 때문에 미국을 선택한 나는, 자유를 얻은 대가로 내 언어의 생명과 마음의 빛과 안정의 땅을 다 잃어버렸다"(「차고 뜨겁고 어두운 것」)고 그의 시에 적고 있다. 그러나 그가 잃어버렸다고 말하는 세 가지 중에서 "언어의 생명"과 "마음의 빛"은 소실된 것이 아니라 오히려 획득된 것으로 보인다. 주체의 사유가 '밖에서의 사유'가 아니라 '안에서의 사유'일 때, 폐쇄적이고 인습적인 덫에 빠질 위험이 있듯이, 시인의 언어와 시적 사고는 모국의 "안정된 땅"에서 길들여져 경직되거나 둔탁해질 위험과 언제라도 부딪히게 마련이다. 이런 점에 비추어 본다면, 모국의 밖에서 시적 작업을 게을리하지 않는 사람이 관습과 유행의 틀을 깨거나 그 흐름으로부터 벗어나 시적 언어의 생명력을 유지하고, 언어의 감각도 훨씬 예민해질 수 있으며, 그의 "마음의 빛" 역시 언제나 푸르를 수 있다. 그는 늙지 않는 시인이 될 수 있는 것이다. 본래 시를 쓰는 일은 현실로부터 한 발짝 물러서 있다는 것이고, 직설적인 산문의 언어보다 초월적이고 우회적인 언어를 사용하는 일이다. 그는 그런 점에서 현실과 거리를 두고 비현실적 언어를 사용하는 사람이지만, 그 현실 앞에서 무한한 개방성과 자유로움을 확보하게 된다. 개방성과 자유로움의 대가가 없다면, 그는 무엇 때문에 시인이 되려 할 것인가! 시인은 초현실주의자가 아니더라도 현실을 넘어서서 보이지 않는 세계의 실재에 가까이 가려는 사람이다. 그는 현실적이지 않은 유원한 방법으로 현실의 표피를 뚫고 내면과 보이지 않는 세계로 들어간다. 그러기 위해서 그는 무엇보다 자유로워야 한다. 시인이 시인다운 점은 그처럼 현실에 얽매이지 않은 자유로운 시선에 존재하고, 시를 쓰는 일이야말로 시인에게는 자유로움을 끊임없이 확인하고 일깨우는 행위에 다름아니다. 초현실주의 정신을 어렵게 이해하지 않더라도 그것이 현실에 함몰되지 않을 수 있는 이러한 자유로움을 지키자는 뜻에서 나온 것임을 우리는 잘 알고 있다. 마종기가 한국을 떠난 것이 자유롭기 위한 것이었듯이, 한국어로 시를 쓰며 생각하는 일도 자유롭기 위한 것이다. 이런 점에서 그가 이 땅의 현실을 떠나 시를 쓴다는 것은 오히려 시인과 시의 참모습에 가까이 다가서 있다는 말이 된다. 더욱이 그의 직업이 의사라는 점을 염두에 두면, 그의 생활과 우리말로 시를 쓰는 행위가 모순되고 갈등을 빚을 수 있다는 짐작이 가능하다. 그러나 그 모순과 갈등이 많을수록 그의 자유로움은 탄력성을 얻고, 긴장된 힘으로 팽창하는 듯이 보인다. 그의 시에서 드문드문 표명되어 있듯이, 아무리 생활이 넉넉하더라도 물질적으로 충족되지 않은 정신의 '배고픔'과 '목마름'이 있어, 그것들은 자유로움의 불길을 계속 타오르게 하는 기름이 된다. 의사와 시인 사이 혹은 생활과 시 사이의 모순과 갈등이 많을수록 그의 자유롭고자 하는 의지는 더욱 가열해지고, 그것이 바탕을 이루는 그의 시는 쉽고 투명한 언어의 외피 속에서 건강하고 긴장된 시적 정신을 온축하게 된다. 그러므로 정리해서 말한다면, 그의 시작업은 일상적 삶의 구속으로부터 자유인이 되기를 꿈꾸는 자의 기록이자, 자신의 삶을 돌아보고 현실에 대한 인식을 게을리하지 않으면서 이웃의 삶도 함께 생각하는 진지한 성찰의 반영이며, 아울러 자신이 꿈과 사유를 통해 내면의 삶을 풍성하게 만드는 마음의 자장이 된다. 이런 점에서 시는 그의 삶의 필연적 수단인 것이다. 그에게 시쓰기가 결코 여가의 취미 생활이 될 수 없듯이, 시인이란 칭호도 그의 자리 옆에 걸어둔 보기 좋은 장식이거나 그의 어깨 위에 놓인

훈장이 될 수가 없다. 그의 삶은 시를 쓰게 됨으로써 비로소 존재하고 또한 완성된다. 그는 천생 시인일 수밖에 없는 것이다.

이런 점에서 그의 시는 삶의 옆에 혹은 삶의 한복판에 자리잡고 있다. 시가 삶의 한복판에 자리잡고 있다는 말은 삶의 체험이 그의 시 속에 투영되거나 여과된다는 것을 의미할 수도 있다. 그러나 그의 이번 시집에는 미국 생활의 구체적인 세목이나 풍경이 아무리 압축된 형태라도 거의 보이지 않는다는 점이 주목된다. 가령 시의 제목들 중에서 「패터슨 시의 몰락」과 「눈 오는 날의 미사」 「게이의 남편」과 같은 시를 예로 들어본다면, 이 시들 속에 미국에 사는 시인의 모습이 어느 정도 드러날 수 있을 것으로 예상하게 되지만, 실제의 내용은 그러한 예상과 아주 다르다. 「패터슨 시의 몰락」은 모든 '아름다운 것들'이 소멸되거나 파괴된 뉴저지주 패터슨 시의 황량함을 그리는 한편, 1992년 4월 LA 한국인 이민들의 코리아 타운이 흑인들의 폭동으로 참혹하게 짓밟힌 풍경을 보여준다. 그 풍경 속에는 화자의 분노와 연민 혹은 희망의 메시지가 보이기는 하지만, 화자의 개인적인 모습은 전혀 보이지 않고 있다. 또한 「눈 오는 날의 미사」에는 "땅에까지 내려오는 겸손한 무너짐, / 눈 내리는 아침은 희고 따뜻하다"처럼 눈 오는 날의 풍경을 그린 구절은 있어도 미사 장면이거나 미사를 전후한 화자의 모습은 전혀 드러나 있지 않다. 「게이의 남편」 정도가 화자가 의사임을 짐작할 수 있는 시인데, 이 시 역시 "병원 초음파실 기사실장"이었던 친구의 삶과 죽음을 주제로

한 시라는 점을 감안하면, 화자의 사적인 모습은 거의 감춰져 있다고 말할 수 있다. 단적으로 말해서 그의 대부분의 시에는 그의 미국 생활이 거의 보이지 않는 것이다. 이것은 미국에 거주하는 한국인 작가들이 흔히 미국 사회에서 한국인들이 겪는 가족 관계의 문제, 관습과 도덕의 문제 등 사회적 문제를 통해 미국 생활을 이야기하는 경우와 사뭇 다르다. 마종기는 미국 사회건 미국의 생활이건, 그것을 환기시키면서 미국에서 자신이 의사로 지낸다는 사실을 적어도 시를 통해 표현하지도 않고 암시하지도 않는다. 그렇게 함으로써 그의 시적 자아는 미국에서 생활하는 시인 같지 않게 비개성적인 목소리를 취하고, 그것은 한국에서 살고 있는 여느 시인의 목소리와 다름없어 보인다. 그는 멀고 가까운 물리적 거리를 뛰어넘거나 나라의 안과 밖이라는 경계선을 초월해 있는 입장에 선다. 이런 모습은 그가 미국에 가 있는 동안 줄곧 지속되어온 현상이라기보다 최근에 이르러 더욱 뚜렷해진 변모의 양상이다.

그의 비개성적인 자아의 시들 중에서 무엇보다 개인적인 충격의 체험을 슬프게 노래한 시들이 있다. 그것은 「동생을 위한 조시(弔詩)」에 담긴 11편의 시와 「묘지에서」「내 동생의 손」「허술하고 짧은 탄식」 등이다. 이 시들에는 모두 "졸지에 억울하게" 죽은 동생의 죽음을 정신적으로 감당하지 못한 형의 슬픔이 참담하게 서술되어 있다. 여기에는 죽음의 원인에 대한 언급도 없고 가해자에 대한 분노의 외침도 없다. 흔히 죄는 미워도 사람을 미워할 수 없다는 투의 어색한 감정의 분식도 보이지 않는다. 그 시들에는 오직 동생의 죽음이 가져온 충격과 정신적 혼란, 착한 동생에 대한 기억과 애틋한 사랑의 감정이 솔직하고 절실하게 표현되어 있을 뿐이다. 그것은 이 지상에서 가장 가깝고, 사랑했던 우리 주변의 어떤 사람이 어느 날 갑자기 세상을 떠나게 되었을 때 겪을 슬픔을 보편적인 공감의 차원에서 보여준다. 시인은 슬픔이나 죽음을 주제로 한 과거의 그 어느 시에서와는 달리, 아픔·눈물·울음이라는 어사를 여러 부분에서 감추지 않고 드러낸다.

> 눈물이 자꾸 납니다.
> 관을 덮고 나면 내일 하늘이 열리고 　—「1. 入棺式」

> 아버지의 이름으로 너를 보내면서
> 아버지의 이름으로 슬픔을 참아내면서
> 　　　　　　—「3. 영화 「아버지의 이름으로」」

> 외국의 봄날 흐리게 허물어진
> 동생이 저녁까지 봄비 되어 울고 있다.
> 　　　　　　　—「4. 비 오는 나라」

> 말이나 글로는 갈 수 없는 먼 길의 끝의 평화,
> 네 간절하고 가난한 믿음이 우리를 울린다.
> 　　　　　　　—「5. 맑은 날의 얼굴」

> 추운 동네의 깊은 물은

통곡같이 밀려가고 밀려오면서 ——「7. 뱃길」

나는 이제 살아 있는 꽃을 보면
가슴 아파진다. ——「9. 造花」

문득 잠이 깨고 아쉬운 마음 몸을 저리게 하지만, 그래도 행복해 보이던 너를 보았으니 좋구나. 잘살아라, 어디서든 ——한새벽의 한점 없는 눈물을 내가 몰래 닦으마.
——「10. 청량리 꿈」

새가 날아가버린 후에도 나뭇가지는
아무것도 모르고 아직 떨고 있습니다.
나뭇가지 혼자 흐느껴 우는 것 같습니다.
——「11. 남은 풍경」

「동생을 위한 조시」(이하 「조시」)라는 큰 제목 아래 묶인 11편의 시들 중에서 대부분은 이처럼 이성과 의지로 통제하기 어려운 아픔과 울음의 심사를 담고 있다. 화법의 관점에서 보자면, 「조시」의 첫번째와 열한번째 시가 경어법을 사용하여 기도하는 듯이 경건하고 간절한 목소리의 서술체로 되어 있고, 그 사이에 담겨 있는 시들은 동생과 이야기하듯이 혹은 친근하게 묻고 대답하는 대화의 어법으로 구성되어 있으며 나머지는 독백 혹은 넋두리로 엮어져 있다. 시인은 다양한 어조와 화법의 혼용을 통해 동생의 넋을 위로하고 이승의 세계에서 동생을 다시는 만날 수 없는 슬픔과 괴로움과 안타까움을 토로하지만 동시에 절제하는 어조를 찾는 것이다. 특히 「11. 남은 풍경」에서 동생은 새가 되고, 화자는 "작은 나뭇가지"로 설정되어, 나뭇가지의 흔들림이 곧 "흐느껴 우는" 동작으로 유추되게끔 만든 시적 구성은 얼핏 보아 단순한 감정의 노출로 보이지만, "남아 있는 풍경이 혼자서 어두워집니다"라는 마지막 행의 의미있는 여운을 통해서 깊이 있는 감정의 절제를 이끌어낸다. 또한 「조시」 밖의 시들 중에서 「내 동생의 손」은 "생시에도 부드럽게 정이 가던 손, / 늙지 않은 나이에 자유롭게 되어 / 죽은 후에는 내 주머니 속에 넣고 다닌다"는 환유적 표현법으로 마치 화자의 육신과 '손'이 화자의 분신처럼 동화된 느낌을 준다. 특히 "내 동생의 손이 젖어 우는 날에는 / 내가 두 손으로 잡고 달래주어야 / 생시처럼 울음을 그치는 눈물 많은 손"과 같은 네번째 연은 '동생의 손'과 화자의 손이 구별되지 않을 만큼 동화의 일체성을 보여주는 한편, 사람이 울지 않고 손이 우는 것이라고 함으로써 '눈물'과 '울음'의 감상성을 시적 차원으로 승화시킨다. 이처럼 슬픔은 통제하지 않듯이 표현되면서도, 감상적 차원으로 떨어짐이 없이 보편성의 정서로 확산된다. 시인은 개인적인 고통의 체험을 한결같이 비개인성의 공감적 차원으로 올려놓고 있는 것이다.

　마종기가 개인적 체험을 보편적 정서로 확산시킨다거나, 한국을 떠나 미국에 있는 시인의 흔적을 노출하지 않는 것과 다름없이 그의 시적 화자는 자신이 서 있는 자리나 주변의 풍경을 구체적으로 묘사하지 않는다. 녹자는 그의 시를 아무리 꼼꼼히 들여다보더라도 그가 사는 집이 얼마나 크고 그의 작업실이 어떤 형태인지 알 수 없을 뿐 아니라 그의 독서나 명상이 어떤 자세로 전개되는지도 짐작하기 어렵다. 이런 현상은 그의 이번 시집(1997)에서 특히 인상적으로 확인되는 사실이다. 지난날 그의 시집들에는 시적 화자의 위치와 주변적 상황이 어떤 식으로건 부분적으로 노정되어 있었다. 가령 『안 보이는 사랑의 나라』(1980)에서는 "내가 내려가는 그 병동(病棟) 북쪽 의자에는/항상 장님 소녀(小女)가 그림같이 앉아/두 손을 모으고 미소하고 있다"(「응시」)거나, "나는 외국에서 낳고 자라고/고국에서 사춘기를 보내고/다시 외국에 나와 있다"(「그리고 平和한 時代가」)처럼, 자신의 직업과 자신의 삶의 이력을 드러낸 구절들이 보인다. 또한 『모여서 사는 것이 어디 갈대들뿐이랴』에서는 "한여름 냉방 장치의 응접실에서" "안락한 외제(外製) 소파에 틀고 앉아/안락하지 못했던 동학(東學)의 전기(傳記)를 읽는다"(「日常의 外國 2」)와 "내가 외국의 대학촌에서 낡은 베레모를 쓰고 오징어 튀김에 싼 술을 마신다"(「스페인의 비」)처럼, 외국에서 중산층의 생활을 영위하는 한국인 화자가 지식인다운 관심으로 한국사와 관련된 책을 읽는 모습과 외국 여행 때의 자화상을 그린 구절도 보인다. 『그 나라 하늘빛』(1991)은 미국에서 한국인 2세로 자라 영어만 하고 한국어를 못 하는 아들을 주제로 삼은 「외로운 아들」과 아침 여섯시부터 규칙적으로 시작되는 하루의 일상 생활을 적은 「일기(日記), 넋놓고 살기」 등, 자신의 일상 생활과 자기 반성적 의식의 전개를 감추지 않고 드러낸다. 그러나 1997년의 이번 시집에는 시인의 표면적 삶이건, 자전적 기록이건 아니면 화자가 위치해 있는 자리에 대한 공간적·사회적인 표현이건 그 어느 것도 과거의 기억이 떠오르는 장면을 제외하고는 거의 보이지 않는다. 앞에서 언급한 동생의 죽음과 관련된 시에서도 형의 슬픔만 표현되어 있을 뿐 형의 개인적·사회적 위치는 전혀 노출되어 있지 않았다. 독자는 화자의 모습을 알 수도 없고, 화자의 시점이 어느 위치에서 어떻게 이동하고 있는지를 짐작하기도 어렵다. 다만 화자가 집 안에 있거나 집 밖에 있다는 정도를 알 수 있을 뿐이다. "무거운 문을 여니까 겨울이 와 있었다"(「방문객」)와 "아침 면도를 하며 고개 돌리는 남자를 본다"(「아침 면도를 하며」)와 같은 시들의 첫 구절에서 화자의 시각은 기껏해야 집 안에서 집 밖으로 이동하거나 집 안에서 집 안으로 맴돌고 있다. 「자화상(自畵像)」과 「눈 오는 날의 미사」와 같은 시는 제목을 통해서 화자의 삶에 내해서건, 화자가 다니는 교회의 풍경에 대해서건 어느 정도 구체적인 언급이 제시되어 있으리라는 암시를 주지만, 시의 전개는 그러한 예상과 어긋나 있다.

> 흰색을 많이 쓰는 화가가
> 겨울 해변에 서 있다.
> 파도가 씻어버린 화면에
> 눈처럼 내리는 눈,
> 어제 내린 눈을 덮어서
> 어제와 오늘이 내일이 된다. ──「自畵像」

하늘에 사는 흰 옷 입은 하느님과
그 아들의 순한 입김과
내게는 아직도 느껴지다 말다 하는
하느님의 혼까지 함께 섞여서
겨울 아침 한정 없이 눈이 되어 내린다.
─「눈 오는 날의 미사」

   화자의 구체적 모습을 전혀 짐작할 수 없는 위의 두 시들에서 공통적으로 발견되는 요소들은 눈과 흰색과 겨울이다. 그 요소들의 공통분모는 흰색일 것이다. 대체로 흰색이 함축하는 의미는 순수·순결·정직·신선함·완전성·미래 지향성 등이다. 시적 이미지로 마종기가 흰색을 선호하는 까닭은 흰색이 불필요하고 잡다한 요소들과 혼탁한 욕망의 거품이 제거된, 어떤 높고 맑은 본질적 형태의 색깔 때문으로 이해된다. 일반적으로 겨울은 동면과 죽음의 계절이기도 하지만, 뒤집어 생각하면 그 계절은 만물의 본연적인 상태거나 꾸밈이 없는 자연의 원상태를 그대로 보여주는 계절이기도 하다. 더욱이 겨울이 연상시키는 흰 눈은 잡다하고 혼탁한 세계를 순백의 빛으로 풍요롭게 통일시킨다. 이런 점에서 겨울은 춥고, 헐벗고, 가난한 느낌과 순결하고 풍성하고 이상화된 상이한 느낌을 동시에 전달한다. 이러한 계절의 의미 때문에 마종기는 눈 내리는 겨울 풍경을 시적으로 형상화하기를 좋아하는 것이 아닐까? 겨울 풍경 속에 동화된 인간처럼, 시인의 자아는 순일하고 헐벗은 모습을 지향한다. 그의 시적 자아가 구체적 모습을 동반하지 않고 모호하게 표현되거나 비물질적 형태로 서술되는 것은 모든 주변의 관계나 관습의 굴레로부터 벗어나 자아가 본연의 순수한 상태를 회복하려는 의지의 반영으로 보인다. 그것은 진정한 자유주의자가 견지해야 할 정신의 한 기본 태도일 것이다.

  자유주의자의 정신은 비본질적인 것들을 축적하려 하지 않고, 현실에 안주하지도 않으면서 늘 그것들을 버리고 떠날 준비를 하고 있어야 한다. 그의 시에서 여행의 시가 많고 방랑자와 여행자의 시점이 중시되는 것도 그런 까닭에서이다. 지난날 그의 시 중에서 비교적 널리 알려진 시, 「그림 그리기」에서처럼, 여행자의 삶과 정신은 "겨울같이 단순해"져 있어야 하고, "빈 들판같이" 사는 것이어야 한다. 이런 점에서 '겨울'과 '빈 들판'의 황량하고 여백이 느껴지는 이미지는 빈틈없이 일치한다. 마음의 눈이 바라보는 풍경을 결정짓는 원인이듯이, "겨울같이 단순"하고, "빈 들판"처럼 비어 있는 마음은 대상의 불필요한 요소를 제거하고 순수한 본질을 바라보는 데 일차적으로 필요한 요소이다. 그러기 위해서 시인에게는 자신을 높이기보다 가능한 한 낮추고 내부를 무엇으로 채우기보다 비워두는 겸허한 마음의 자세가 필요하다. 이번 시집의 경우, 그와 같은 마음의 눈이 그 어느 때보다 굴곡 없이 유지되고 있기 때문인지 비어 있다는 뜻의 형용사가 많이 발견되고 있다. '빈 강' '빈 나무' '빈 두 손' '빈 접시' '빈 방' '빈 몸' '텅 빈 객석' '빈 목소리'가 그러한 예들이다. 이러한 표현들이 들어가 있는 작품들 중에서 두 편을 뽑아 인용해보자.

가을이 첩첩 쌓인 산속에 들어가
빈 접시 하나 손에 들고 섰었습니다.
밤새의 추위를 이겨냈더니
접시 안에 맑은 이슬이 모였습니다.
그러나 그 이슬은 너무 적어서
목마름을 달랠 수는 없었습니다.
하룻밤을 더 모으면 이슬이 고일까,
그 이슬의 눈을 며칠이고 보면
맑고 찬 詩 한 편 건질 수 있을까,
이유 없는 목마름도 해결할 수 있을까.　──「이슬의 눈」

눈이 오다 그치다 하는 나이,
그 겨울 저녁에 노래부른다.
텅 빈 객석에서 눈을 돌리면
오래 전부터 헐벗은 나무가 보이고
그 나무 아직 웃고 있는 것도 보인다.
내 노래는 어디서고 끝이 나겠지,
끝나는 곳에는 언제나 평화가 있었으니까.

짧은 하루가 문닫을 준비를 한다.
아직도 떨고 있는 눈물의 몸이여,
잠들어라, 혼자 떠나는 추운 영혼,
멀리 숨어 살아야 길고 진한 꿈을 가진다.
그 꿈의 끝 막이 빈 벌판을 헤매는 밤이면
우리가 세상의 어느 애인을 찾아내지 못하랴,

어렵고 두려운 가난인들 참아내지 못하랴.
　　　　　　　　　　　　　　　　　──「겨울 노래」

「이슬의 눈」의 계절은 가을이고,「겨울 노래」의 계절은 겨울이다.「이슬의 눈」에서의 화자는 깊은 가을의 산속에서 '빈 접시'를 들고 밤새워 이슬을 받으려 하지만, 그 이슬은 "맑고 찬 시(詩) 한 편"과 "이유 없는 목마름"으로 이어진다. 여기서 시(詩)는 목마름을 해결해줄 수 있는 물의 은유적 표현으로 나타난다. 이 시의 논리를 따르면 목마른 사람이 물을 찾듯이, 좋은 시를 꿈꾸는 시인은 '빈 접시'를 갖고 있어야 한다. 물론 이 말의 의미는 시인에게 '빈 접시'와 같은 언어의 수단만 필요한 것이 아니라, '빈 접시' 위에 이슬을 밤새워 받을 만큼 고행과 인내가 필요하다는 것이다. 또한「겨울 노래」의 첫번째 연에 있는 "텅 빈 객석"과 두번째 연의 "빈 벌판"은 비슷한 의미로 대응하고 있다. "텅 빈 객석"에서 보이는 "헐벗은 나무"와 "혼자 떠나는 추운 영혼"의 모습은 얼마나 닮은꼴인가. "헐벗은 나무"의 고행이 끝나는 자리에 '평화'가 깃들이기를 시인은 확신하듯이, "혼자 떠나는 추운 영혼"이 겨울의 "빈 벌판을 헤매는 밤"의 고통 끝에서 사랑하는 사람을 찾을 수 있으리라고 믿는다. 그러므로 "텅 빈 객석"이 환기시키는 쓸쓸함과 외로움, "헐벗은 나무"의 가난함, "빈 벌판"의 황량함은 모두가 시련과 갈등과 고통을 감내한 사람만이 평화와 사랑과 구원을 얻으리라는 경구적 진리를 도출해낼 근거가 된다. 시인의 마음은 언제라도 고독하고, 가난하고,

방황할 준비가 되어 있다. 마음의 내용을 비우는 일만 중요한 것이 아니라, 그것을 비우기 위해 가난해지거나 끊임없이 떠나는 일도 중요하기 때문이다. 「과수원에서」의 메시지도 그런 방향에서 이해될 수 있다.

> 내 몸의 열매를 다 너에게 주어
> 내가 다시 가난하고 가벼워지면
> 미미하고 귀한 사연도 밝게 보이겠지.
> 그 감격이 내 몸을 맑게 씻어주겠지.
> 열매는 즐거움 되고, 남은 씨 땅에 지면
> 수많은 내 생명이 다시 살아나는구나. ──「과수원에서」

「과수원에서」는 화자가 나무와 동화되어, 땅으로부터 받은 생명력과 꽃, 향기와 열매 등 모든 것에 대해 감사하는 마음을 담아낸다. 시인은 나무의 풍성함과 아름다움 혹은 헐벗음을 노래하지 않고 나무의 입장에서 "주는 것이 바로 사는 길"이라는 사랑의 의미를 말한다. 이 시에서 특히 주목되는 것은 "내가 다시 가난하고 가벼워지면/미미하고 귀한 사연도 밝게 보이겠지./그 감격이 내 몸을 맑게 씻어주겠지"라는 구절이다. 이것은 앞에서 말한 '비움'의 주제를 연상시키는 한편, 시인의 정신이 무엇을 소유하고 무거워지는 일보다 비우고 가난하고 가벼워지는 연습을 계속해왔다는 의미로도 해석된다. 가벼운 정신에게는 "미미하고 귀한 사연도 밝게 보이"는 법이다. 정신과 마음이 가벼워지기 위해, 시인은 「아침 면도를 하며」에서처럼 "많은 어제를 잊기로 작정"하기도 하고, "다시 한번 시작해보기"를 다짐하기도 한다. 일상적이고, 개인적이고, 복잡하고 덧없는 인간사의 모든 것에 구속되거나 집착하는 마음을 갖지 않기 위해서 시인은 공간적으로건 시간적으로건 언제나 여행자처럼 새로운 출발점에 서 있어야 한다. 그런 점에서 유동적인 물의 이미지는 여러 곳에서 효과적으로 원용된다. 무심히 흐르는 강물, 작게 깨어지는 물방울, 새벽의 신선하고 영롱한 이슬, 지상의 어느 작은 틈 사이로도 스며드는 빗물, 혹은 슬픈 얼굴의 눈물이라도, 그 모든 물의 이미지는 유동적인 자유와 변화의 의미를 함축하고 있다. 그 변화는 인간을 자유롭게 할 뿐 아니라 인간 사이의 벽과 경계를 넘어선 소통의 기능을 수행하기도 하고, 「나무가 있는 풍경」의 "영혼의 부동액"이라는 표현처럼 영혼을 경직되게 만들지 않으면서, 혼탁하고 오염된 정신을 정화시키는 역할을 하기도 한다.

> 국적이 불분명한 강가에 자리 마련하고
> 자주 길을 잃는 내 최근을 불러모아
> 뒤척이는 물소리 들으며 밤을 지새면
> 국적이 불분명한 너와 나의 몸도
> 깊이 모를 이 강의 모든 물에 젖고
> 아, 사람들이 이렇게 물로 통해 있는 한
> 우리가 모두 고향 사람인 것을 알겠구나.
>
> 〔………〕

마침내 나는 내 살까지도 살아 숨쉬고 있는 것을 알 수 있
었다. 숨쉬는 몸이, 불안한 내 머리의 복잡한 명령을 떠나자
편안해지기 시작했다. 어깨가 가벼워지고 눈이 밝아지고,
〔……〕 나는 세상의 모든 것이 하나가 되어 움직이고 있는
것을 드디어 알게 되었다.　　　　　——「이 세상의 긴 江」

'강물'은 화자에게 사람들을 소통시키고 화해시키는 수단일 뿐 아니라 "세상의 모든 것이 하나"임을 일깨워주는 인식의 동기로 작용하기도 한다. 그 인식을 위해서 '숨쉬는 몸'은 육신의 무게로부터건 정신의 예속으로부터건 자유롭고 가벼워지는 운동을 해야 한다. 그 운동의 힘으로 "어깨가 가벼워지고 눈이 밝아"진다는 것은 육체와 정신의 새로운 변화가 동시에 이루어지는 체험임을 입증하는 것이다. 또한 "세상의 모든 것이 하나"라는 표현은 눈 덮인 날의 풍경을 노래한 「방문객」의 "복잡하고 질긴 길은 지워지고/모든 바다는 해안으로 돌아가고/가볍게 떠올랐던 하늘이/천천히 내려와 땅이 되었다"는 구절을 연상시킨다. 이 풍경에서처럼 모든 이질적이고 대립적으로 나누어진 사물들과 경계선은 무너지고, 복잡하게 얽힌 길의 흔적도 지워져 하나로 통일된다. 통일된 세계는 하나이지만 획일적이지 않고 동시에 여럿의 자유롭고 다양한 리듬을 함축한 "오색의 춤판"과 같아서 "바람 센 도로변이나 먼 강변"에서 같은 키로 서서 "같은 박자로 춤을" 추고, "같은 키로 키들거리며/서로 잡아주면서 같이 자는 갈대밭"(「갈대」)의 풍경과 일치된다. 이 풍경 앞에서 시인의 모든 감각은, 「보이는 것을 바라

는 것은 희망이 아니므로」에서처럼, "신들린 듯 엇싸엇싸 몸의 모든 문"을 활짝 열고 예민하게 작동하면서 시간과 공간의 한계를 넘어서서 "보이지 않는 나라의 숨, 들리지 않는 목소리의 말"을 간파하기도 한다. 이러한 체험은 「가을 산」에서 소박하고 순정한 상태로 그려진 화자의 체험과 동일한 것이다.

> 이제 들리지 않던 소리 새로 들리고
> 소리들 모여 사는 낮은 산에 싸여
> 한평생의 저녁은 이렇게 오던가.
> 푸른 구름의 너그러운 나그네 말이 없고
> 그 백수의 풍경만 나를 채우네.
>
> 오, 가을 산에 모인 빛,
> 죽은 나뭇잎의 찬란한 색깔,
> 그 영혼의 색깔,
> 숨어 살던 내 바람까지
> 오색의 춤판이 되어 돌아오네. ──「가을 산」

이미 지천명의 나이를 훨씬 넘어선 시인이 "한평생의 저녁"이라는 연륜에서 바라본 가을 산의 풍경은 이처럼 전체적으로 편안하고 넉넉한 느낌을 준다. 그것은 그에게 "들리지 않던 소리"가 새롭게 들리거나, 보이지 않던 빛과 색깔이 새롭게 보이는 경이로움을 조용히 감지하게 만든다. "죽은 나뭇잎"에서 죽음의 어두운 색깔이 아닌 삶의 "찬란한 색깔"을 볼 수 있는 것은 물론 오색의 단풍 때문일 것으로 짐작되지만, 단풍이 생략된 채 두 개의 어사가 결합된 모순어법적 표현은 삶과 죽음의 경계가 지워진 새로운 세계의 형상을 연상시킨다. 또한 "숨어 살던 내 바람"이 무엇을 말하는지 분명치는 않지만 그것을 5행쯤 위의 "푸른 구름의 너그러운 나그네"와 연관지으면, 화자의 내면 속에 살아 있는 방랑자의 마음과 자유로운 삶의 모양이 어우러져 뚜렷하게 떠오른다. 방랑자-시인은 「해변의 바람」에 나타나 있듯이 "욕심 없는 나그네 되어/회색의 길을 떠"나는 사람이고, "옷 벗고 바람이 되는 빈 몸"이기도 하며, "돌아갈 곳이 없는 시간을" 아낌없이 버리는 사람이기도 하다. 섬을 꿈꾸고 자유를 찾아 떠난 시인은 자유를 찾은 대신에 그가 꿈꾸던 섬이 존재하지 않는다는 것을 알게 되었지만, 이제는 그 섬이 존재하지 않는다고 실망하지 않을 것이다. 그가 섬을 꿈꾸는 한, 희망은 그의 옆을 떠나지 않을 것이고 희망이 있으므로, 별을 보고 만질 수 있는 기쁨을 누릴 것이기 때문이다. 우리는 꿈꾸는 자유와 소멸되지 않는 그리움이 그의 시를 이끌어가는 동력이며, 그것이 살아 있는 그의 시적 언어가 곧바로 우리의 삶과 현실 속에서도 살아 있을 것임을 믿는다. 그의 시인 정신과 시적 언어는 공간적으로 우리의 삶과 현실을 떠나 있지만, 어느새 우리의 삶의 한복판에 돌아와 자리잡고 있는 역설의 기능을 발휘하기 때문이다. 이런 점에서 그는 떠나가 있는 시인이 아니라 돌아와 있는 시인이다. 그의 시인다움을 규정지을 수 있는 자유로움의 정신이 그처럼 놀라운 변화를 일궈낸 원동력인 것이다.